CON EL ALMA
DE IDA Y VUELTA

CON EL ALMA
DE IDA Y VUELTA

RAQUEL LÓPEZ MARTÍN

 **Durii**

Primera edición: Marzo 2024

© 2024, Raquel López Martín
© 2024, Durii Editorial

Printed in Spain - Impreso en España

Editor y diseñador:
Javier Martínez Alarma — @soyocellum
Corrección:
Equipo de Durii Editorial
Diseño de cubierta:
Equipo de Durii Editorial

ISBN: 978-84-10075-02-3
Depósito legal: M-4657-2024

durii.art

A ti, que aunque rota, has vuelto a mí.

PRÓLOGO

El poemario que tienes entre las manos no es más que el recorrido de un alma rota por las fases del desamor. No es más, ni es menos…

Transitar el dolor profundo del alma supone sumergirse en lo más hondo de la tristeza sin saber cómo ni cuándo vas a salir de ella. Supone sentir el mayor vacío dentro de ti, perder el rumbo de tu camino…

Dicen los psicólogos que el dolor sufrido por un gran desamor es comparable al dolor por la pérdida de un ser querido… Yo no sé si ciertamente será así, mas sí afirmo que es un proceso largo y difícil de superar, y tal como dijo la poetisa Alejandra Pizarnik, *«nada pretendo en este poema si no es desanudar mi garganta»*. Este poemario no es más que una herramienta en un proceso de sanación del alma, que tras haber pasado un largo período de bloqueo, necesita expresar todo lo que lleva dentro. Escribir poesía, ha constituido en esta ocasión, un proceso de catarsis personal, donde cada verso, cada poema, es un paso más en el camino.

Las cicatrices del alma son imborrables, pero el alma siempre encuentra la forma de reconstruirse, y convertir su dolor en poesía es una forma de ello…

> *«Soy un alma desnuda en estos versos,*
> *alma desnuda que angustiada y sola*
> *va dejando sus pétalos dispersos»*

ALFONSINA STORNI

En este poemario encontrarás la voz de mi silencio, el grito del llanto callado, el vacío más absoluto del abandono, las huellas de la incertidumbre y los versos perdidos en este tiempo…

Pero también encontrarás la fortaleza rescatada, de un alma en reconstrucción.

PARTE I

EL POZO DE LA INCERTIDUMBRE

Cargo con un momento que no comprendo,
cargo sobre mis hombros un dolor
de indefinida duración
y mis brazos no soportan el peso
de un alma rota en mil pedazos…
Por mucho más tiempo.

SILENCIOS

Silencios…
Que dicen,
que gritan
sin voz
como demonios devorando
las paredes de tu corazón.

Silencios…
Que duelen,
que perturban el palpitar
de un alma triste
errante por la desazón.

Silencios…
Que hieren,
que quiebran mi realidad
en lo inestable debilitando
mi razón.

DESHOJÁNDONOS

Se deshojan los árboles, los días, los meses…
Se sueltan y caen las ilusiones, despojándose
de la poca luz que mantienen.

Se desprenden ante un horizonte
tan incierto como desconcertante,
alimentándose en la distancia con
lo poco que les queda.

Sus cuerpos se trenzan en la memoria
de tiempos pasados donde el tacto *«era»*.
Sus pieles se extrañan, se añoran,
sus mentes razonan y el corazón desespera.

Así se deshoja este otoño sombrío,
entre lágrimas, desesperos y suspiros.
Así transcurren estos días solitarios
en los que nada parece tener sentido.

BROTES DE TRISTEZA

Brotes de tristeza asoman por mi tronco,
salientes de húmedo nacimiento
de una corteza que se debilita
en este otoño gris y decadente.

Brotes como jirones de piel herida,
como arañazos de cansancio consumado,
brotes de incontenido llanto
que mi fortaleza laceran y marchitan.

Soy mujer de raíces fuertes,
mas ahora mi corteza no me protege;
y queda desnuda la copa frondosa
que me abrazaba en épocas estivales.

Brotes que en soledad germinan
y en soledad se desarrollan y crecen…

FANTASMAS

El fantasma de la incertidumbre acecha,
y clava sus cadenas en la aorta
desangrando su fortaleza de alma rota.

El corazón descarnado se desgarra
en jirones de dolor y llanto.

El espectro del sollozo se encadena
a las cuencas de los ojos,
y el fantasma cada día se alimenta
de la indiferencia y el olvido.

El fantasma de la incertidumbre acecha,
ahogando un corazón desgarrado
que se escapa por la garganta
vomitando lágrimas negras.

Arrastro un tiempo vacío
que pesa en mi pecho
como un saco de ladrillos.

Arrastro la ausencia de besos,
abrazos y caricias que tanto ansío…
Pesan los días en tantos meses recogidos
que entorpecen mis pasos al caminar…

Pero continúo el camino,
acompañada de una soledad tirana
que me recuerda la realidad
cuando divago entre recuerdos y deseos.

Arrastro tiempos perdidos,
ilusiones vagas que quieren volar
y no se atreven por el miedo
de volver a caer y no poderse levantar.

Pasan los días ante mis ojos,
pero mi corazón se detuvo en el tiempo.
Sin ti, el tiempo pierde valor;
se escurre incompleto entre mis dedos.

FLOR EXTRAÑA

Así se sentía,
como una flor extraña
fuera del jardín que le correspondía.
Extraña y sola,
en un lugar que no era el suyo
desconocida e infravalorada,
deshojada por el abandono
de su cuidado, en una tierra vacía.

Respetar el silencio impuesto, tu libertad,
aunque sea la cadena que me ata el alma
a un dolor perpetuo…

FLOR MARCHITA

Flor marchita en una primavera que no llega…
Pétalos envejecidos desfiguran su belleza
maltratados por las lluvias caídas.
Flor con tallo debilitado, casi roto,
doblegado por el peso de lo sostenido
aguantando por un tiempo indefinido
hasta su renacimiento o su muerte.

Así me siento.

SILENCIO ROTO

Ausencia del susurro del beso
buscando «*ser*» en la comisura de tus labios,
ausencia del calor de tus manos
acariciando con amor mi rostro
y el abrazo de tu cuerpo rodeando
mi piel abandonada a ti.

Ausencias de «*te quieros*»
ya perdidos en otro tiempo
en el que fuimos completamente
el uno del otro, sin límites ni espacios.

Ausencia de la plenitud, del fluir
del alma tal como es y como siente.
Ausencia de ti, de mí…

Silencio roto en mi cuarto
por el grito doliente de un alma
que llora desconsoladamente
por saberse para siempre… Rota.

EN SILENCIO

En la soledad se acuna el silencio,
lo arrulla con su canto de nana,
adormece los pensamientos y vaga
por indeterminados espacios y tiempos.

El silencio a los recuerdos abraza,
con el recogimiento de lo íntimo
sin temor al desbordamiento de lágrimas.
No hay espectadores ni testigos
de la desesperanza.

El silencio de mi alcoba te llora,
así como llora mi alma… En silencio.

SIN RUMBO

Desapareció el camino ante sus ojos,
y sus pasos comenzaron a desandar
el trayecto recorrido,
sin orientación ni rumbo fijo,
como perdida en un abismo
sin luz ni destino.

SE PERDIERON

Se cegaron los ojos en la mirada del ayer,
se nublaron los abrazos con aquel último
y descosieron aquel beso que ya no fue.
Los recuerdos bonitos se atormentaron
por sentirse perdidos y olvidados;
se desvanecieron los sueños conjuntos
para morir en un rincón individual y solo.
Se desprendieron las almas en un aleteo
tan fugaz, tan impronto e inesperado
que su destello vaga por el universo
del amor eterno… no recuperado.

COBARDÍA

Llantos reincidentes perturban mis ojos
al recordar tu desconocida cobardía,
incertidumbres intermitentes sollozan
anquilosadas en mi memoria desvaída.

El abandono inexplicable perturbó
sin compasión la plenitud que sentía,
ahogando en un abismo a la razón
sumergida en la incomprensión más absoluta.

El alma quedó de muerte herida:
con la misma eternidad del amor que sentía
sería su dolor de llaga encarnizada.
Destruida, rota y desamparada
por el ser al que más amaría.

PARTE II

TRANSITANDO EL DOLOR

Atrapada en la espiral del abandono
maniatada a la esclavitud del recuerdo…

Somos instantes varados en un rincón
de la memoria.

TU ABANDONO

Certidumbres se deshojaron
aquel otoño de tonos grises,
fueron pisoteadas un noviembre
de lluvias torrenciales.

El ocaso dejó de ser romántico
para en sufrimiento convertirse.
La caída del día era tan sólo
un paso más a otra noche de tristeza.

Se abría paso la incertidumbre
con toda su fuerza indestructible.
Otoño de caídas en cascadas
son lugares donde refugiarse.

Así fue tu abandono,
sumas de días, noches y meses
de tristeza acumulada en mis pupilas.
Sangrado intermitente en el espejo
de una herida abierta que duele.

La impronta del desgarro súbito
dejó huellas del abandono impensado
con el reiterado maullido
de un gato triste y enajenado.

Jirones de un amor desgarrado
deshollan la piel anegada
en la lágrima negra perpetuada
surgida del dolor inaudito.

Incierto agujero negro,
abismo de ignota acogida
abraza su soledad sobrevenida
con el cruel zarpazo felino.

DESTIERRO

Con la profundidad de la caída
precipitada y violenta
descendió a la negrura
de la hondura del abismo.
Lúgubre agujero
donde no hay luz, donde no hay…
NADA.
Soledad y llanto.
Incertidumbre y desconcierto
en el abandono del alma
y su

                                                            destierro.

SANGRAR POR LA HERIDA

Sangrar por la herida
continuamente,
sin tiritas ni mercromina.

Sangrar, no hay cierre.

Supura y supura
sin sanación posible.

CERRADO POR DEMOLICIÓN

La incertidumbre precursora
del abandono inesperado
rompió el soporte cimentado
derrumbándose toda su estructura.

Quedó roto hasta lo más profundo,
sin esperanza de reconstrucción.

Mi corazón…
Cerrado por demolición.

EN LO PROFUNDO

No puedo respirar.
Me ahogo en el fondo del mar de la tristeza.
No sé nadar.
Me hundo con la gravedad de tener conciencia.

No es azul.

El mar de la pena es negro
como
    el
      abismo
          en
            que
              me
                sumerjo.

Mis brazos aletean por mera supervivencia.

Me
    hundo
        en las aguas agitadas y revueltas.

Salir de la profundidad del océano… Cuesta.

GRITOS DE UN ALMA DOLIENTE

Gritos de un alma doliente
resuenan en una habitación solitaria;
ecos de dolor trasnochan cada hora
levantando ojeras por la mañana.

Quebrada llora desconsoladamente
en la soledad impuesta del abandono,
y no hay consuelo ni emoliente
que sane la herida gangrenada.

Gritos de un alma doliente
mueren en silencio, ahogados
en la profundidad de la garganta
atragantada por el desamor encontrado.

El sollozo de la incertidumbre
apuñaló sin piedad su fortaleza.
Las certezas posteriores…
Derrumbaron para siempre sus creencias.

El amor no es como soñaba,
el amor no es como ella siente…

El amor la dejó rota para siempre.

Gritos de un alma doliente
son recogidos por la almohada
de tantos llantos cómplice.
Gritos que no pronunciarán tu nombre.

LLORÁNDOTE

Aún dueles, es inevitable;
rasgas el alma de forma constante
a pesar del esfuerzo,
a pesar del tiempo, la ausencia y el silencio…

Dueles, de modo inefable;
a pesar del trabajo por superar-te,
por aceptar sin cuestionarme…
Dueles muy adentro,
y con cada incertidumbre un poco muero.

Aún dueles, siendo consciente
de que te perdí sin saber, de repente;
se perdió ese *«no me sueltes, amor,
no me sueltes…»*

Ya no me sostienes el alma,
perdí tu abrazo de poesía y piel,
tus caricias en la distancia,
perdí todo lo que me hacías ser…

Aún dueles…
Y el tiempo, tan sólo tapará en superficie
la herida que me dejaste para siempre.

Así estoy, llorándote.

REFLEJOS

No reconozco el reflejo del espejo:
irradia una tristeza profunda,
esa que se queda anclada al alma
y se escapa furtiva en la mirada.

La sonrisa cayó por sus dos puntas
desdibujada por el hastío y la pena aguda.
Reflejos de una mujer rota
lloran su alma resquebrajada y perdida,
caída en una soledad profunda.

Reflejos rotos de la mujer que era
en mi espejo escupen realidad:
el dolor persistente ha tatuado ojeras
y desdibujado la felicidad.

Mueren lentamente los poemas
que no fueron escritos… ni vividos.

Mueren los besos que ya no serán
en tus labios sedientos de los míos.

Mueren con la quietud del silencio
los *«te quiero»* no pronunciados,
y mueren en cadencia triste los momentos bonitos
para convertirse en simples recuerdos.

Mueren con el tiempo los instantes perdidos;
poco a poco morimos,
por un amor que ya no puede ser.

CON EL ALMA DE IDA Y VUELTA

Con el alma de ida y vuelta,
recorro los instantes varados en la memoria
del nosotros,
del amor eterno que fuimos en otro tiempo.

Con el alma sangrando su vendaje provisional
vago por entre los recuerdos de un ayer
que no reconozco como pasado.

Con el alma llorando sin consuelo
atrapada en el peso de la incomprensión,
camino entre días y días vacíos de ti,
llenos de tristezas que serán su duelo.

Con el alma desorientada y perdida
soy una mujer abatida y rota hoy,
aguantando el peso de las certezas
que apuñalan el amor que no muere en mí
a pesar de tu indiferencia y lejanía,
muriendo de desamor estoy.

POR LOS CUATRO COSTADOS

Morir lentamente en la letanía de un verso callado
como la reiterada melodía de un llanto perenne
que incesante en la pared del alma rota, te persigue.

Morir lentamente llorando poesía muda,
padeciendo un desamor encallado en las venas
encubierto por el vestido externo de la sonrisa,
cómplice del doloroso secreto que oculta.

Morir agonizando poemas silenciosos,
llorando poesía por los cuatro costados.

PARTE III

ALMA EN RECONSTRUCCIÓN

Murió de realidad, mientras su alma soñaba.
Y entendió muchas cosas
a pesar de no comprender nada.

Llorar por los cuatro costados.
Los versos sangrarán poemas…
CATARSIS…

INDÓMITA

La voluntad indómita ejerce su dictadura
de no convertirte en simple recuerdo;
siempre serás más, siempre serás TODO,
el único morador real de mi alma malherida.
Habitar en lo inhóspito de un mundo sin color
es consecuencia y pena de muerte para ella.
Perdió la frecuencia de tu latido y su conexión
bloqueada por la voluntad de tu «*ser*» pragmático
que asesinó al hombre que llegó a ser mi alma gemela.

EQUILIBRIO

En busca y captura del equilibrio
perdido,
dando palos de ciego por entre los recuerdos,
recorriendo los momentos del pasado
que agrietan a cada paso el camino.

No lo encuentro.

Mis pies trastabillan en su recorrido,
se abren una y otra vez las heridas:
sangran mares negros
de tristeza y dolor amargos.

Lo busco y me desespero
por tener certeza y conciencia
del tiempo venidero que me espera
de prolongado trabajo y sufrimiento.

En busca del equilibrio perdido
estoy,
sumergida en la oscuridad del destierro
de eso que llaman **desamor**…

SOLTAR

Soltar(te).
Tarea imposible.
Lo pienso,
lo intento,
lo reflexiono,
lo vuelvo a intentar,
me pierdo,
te pierdo,
nos pierdo.
No puedo.
¿Tú podrás?
Me entristece pensarlo,
me hunde imaginarlo.

Soltar(me).
Lo hiciste.
No supe cúando,
no supe por qué,
me soltaste
y desapareciste.
Apareció un muro,
el que nunca hubo.
El, ahora, infranqueable.

No lo comprendo.
Incertidumbre.
Dolor.
Dolor.

Incomprensión.
¿Indiferencia?
Desde cuándo…

«No me sueltes, amor»
se convirtió en *«me soltaste».*

Te lloraré, siempre.
Te amo,
a pesar de todo,
a pesar de ti y de mí.

Yo no puedo soltarte.
No puedo.

TRANSITAR

Transitar por el angosto camino del desamor,
cargando en la mochila
con el abandono y la indiferencia.
Vagar sin rumbo fijo por un sendero inhóspito,
lleno de puntos negros;
caminar sin saber a dónde te conducen tus pasos,
pero sabiendo que no habrá vuelta atrás.
Transitar con llagas en los pies,
y en el alma.

UNIVERSO

Transitar el vacío del cosmos
aglutinado aquí en mi pecho,
un abismo oscuro y frío donde caigo
cada vez que te pienso.
La belleza del recuerdo del ayer
es apuñalado por un presente doloroso
que ocupa todo el espacio
del vacío que me dejaste para siempre.
No volveré a caminar por aquel universo
que conformamos los dos, cuando nos queríamos…

POESÍA SIN ALMA

Versos de desconsuelo se escapan
de mi pluma entristecida y aletargada,
versos encarcelados en la garganta
muriendo en cada estrofa no escrita.
Asida al dolor de la tristeza, mi poesía
no encuentra el valor de ser expresada:
el alma no tiene fuerzas para decir en voz alta
que está rota y no sana…

RENUNCIA

Difícil. Muy difícil.
Desprenderme del calor de tu tacto,
de la bondad de tu mirada,
de tus caricias poéticas con sabor a verso.
Abandonarme al recuerdo,
dejando morir a la ilusión de antaño.
Difícil y doloroso.
Un dolor punzante e intenso, que se clava muy adentro.
Renunciar al sabor de tus besos,
a lo que me transmitían, al mirarme, tus ojos
y a nuestra entrega más íntima y única.
Renuncia obligada e impuesta
presa de tu decisión tan inesperada.

Soñé que soñaba con el beso que no es,
con los labios que no beso
y con la boca que se escapa de él…
Soñé que soñaba que mis labios te rozaban
y se te erizaba, al sentirlos, la piel.

Soñé…

Y mientras soñaba saboreaba
tu boca de fuego y miel
de la que la realidad me tiene
irremediablemente alejada.

Soñé, ¡y no quería despertarme!
Eso significaba de nuevo separarme
de ti, del beso que no puede ser
si no es imaginado en mis sueños.
Así que te besé otra vez
para despertar con sabor a ti.

Soñé… Y sueño…

MAR EN CALMA

Aún no soy mar en calma
con la quietud de las olas
sobre su orilla serena
las noches de luna llena,
cuyo halo mansamente se refleja
en las cristalinas aguas.

Aún hay días de marejada
con oleajes fuertemente sobrevenidos
por tormentas de causas repentinas
de torrentes de agua salada.

Aún hay noches de desvelos
en busca de un faro que ilumine
el rumbo a seguir en lo oscuro
de un mar inestable y revuelto.

Aún no soy mar en calma,
pero tengo preparada mi barca
y mis brazos para mover los remos.

VERSO PERDIDO

Durante mucho tiempo fui
un verso perdido en una hoja en blanco,
un poema destinado a morir en el vacío.
Víctima de una nostalgia indómita
aventurada a desangrar su poesía.
Fui, durante mucho tiempo
un canto triste de melancolía
desgastando la esperanza —ya muerta
de sentirme musa y poeta, en tu vida.

TEMPUS FUGIT

Se me escapó como la arena entre mis manos,
sutilmente se fue desgastando y yace
en los recodos de la añoranza de un pasado
de instantes vividos con plenitud, no olvidados.

Fueron cayendo como los granos
del reloj de arena de nuestro tiempo
desvaneciéndose los recuerdos con el paso
de los días perdidos, en los que ya no te siento.

Se acabaron nuestros tiempos de amor pleno,
no besos, no risas, no abrazos ni deseos…
Ahora sólo queda el hueco
del vacío en que me has enterrado.

Vivimos con intensidad nuestro momento,
como si fueran instantes eternos,
mas, sin embargo, la realidad de hoy
es que *«tempus fugit»* hasta para nosotros.

ESTE TIEMPO

Desbordado, cayendo en cascada
un tiempo desconcertado
rebuscando entre los escombros
un algo indeterminado
que rescate la fortaleza y levante el ánimo.

Llorando agónico las tristezas
arrojadas con el vacío del abandono,
un tiempo de largo recorrido
perdido en la incomprensión y la indiferencia.

Tiempo que fue asumiendo, poco a poco,
trabajar el desapego necesario
para soltar lo que aferra al dolor
en mi alma tan clavado.

DRENAR LA PENA

Drenar la pena a través del poema
llorando rimas amargamente,
desangrando a cada sílaba
la voz de una herida abierta.
Incesante goteo de lágrimas
transmutado en versos y tinta
grita, golpea y acuchilla el alma
en un proceso incesante
de sanar tan profunda herida.

GOTA A GOTA

Gota a gota destilé la amargura del llanto
eclosionado por tu abandono.
Gota a gota, día tras día,
inundé un calendario marchito, deshojado
con el devenir de un tiempo impío.
Se sucedieron los meses,
y pasaron los años
revestidos de un dolor agostado y luengo.
¡Qué terrible el eco del recuerdo cuando es amargo!

VERSOS NEGROS

Versos de desconsuelo se escapan
de mi pluma entristecida y aletargada,
versos encarcelados en la garganta
sin resquicios de escapatoria ni huída,
presos de un dolor que se encalla
muriendo en cada estrofa no escrita.

Versos negros que vagan del alma
al pensamiento, yaciendo escondidos
en la cueva inhóspita del sufrimiento
morando lugares tan desconocidos.

Versos que no podían ser escritos
porque antes de nacer, ya estaban muertos.

ETERNO

Me iré lentamente, sin hacer ruido
tal como quieres,
pero el eco de mi amor
resonará en tus oídos
cada vez que me recuerdes…

Mi amor sí es eterno,
aunque no lo mereces.

CON MI FORTALEZA Y MIS DEBILIDADES

Mujer de raíces fuertes
fiel a sus convicciones,
soy piel que viste las emociones
que conforman el ser que soy.

Mujer de paso firme,
que mira al frente y afronta,
que se cae, se levanta y aprende
de las circunstancias que la vida le otorga.

Camino y sigo adelante siempre,
cargando mis nudos emocionales
y salvaguardando los lazos pasionales.
Camino… aunque a veces necesite coger aire.

Soy mujer de carácter definido
con mi fortaleza y mis debilidades
que asume consecuente los efectos
de dejar aflorar sus sensibilidades.

Y a veces es harto complicado
cuando el aire resulta asfixiante,
pero el coraje de seguir adelante
prevalece al decaimiento y al llanto.

Mujer de raíces fuertes,
que todo aguanta y sostiene,
pero que a veces, y sólo a veces,
se ahoga un poco y se hunde;

mas su alma y razón no permiten
que caiga en las profundidades:
tras las lágrimas se renueva
para afrontar las adversidades.

Ésa soy yo, una mujer
fuerte con sus momentos débiles,
que a pesar de que su sonrisa
un poco se le desdibuje
escarba dentro de sí para encontrar
la fuerza que de nuevo la levante.

RECUPERAR MI CENTRO

Buscar mis raíces de mujer fuerte
y aferrarme a la tierra que me sostiene.
Limpiar el desorden del jardín
desolado y triste de mi mente,
alimentar al alma con el amor que soy
convencida de ver nacer nuevas flores.
Recuperar mi centro después de ti
está siendo muy difícil,
pero no será imposible…
Soy mujer de raíces fuertes
y encontraré la manera
de sobreponerme al perderte.

CATARSIS

Lágrimas negras de tinta
mojan el poema que hoy escribo
recordando lo que fuimos
y ya no quieres que sea.

Llantos versados con rima
se deslizan por las estrofas,
empapando de dolor la poesía
que del alma rota aflora.

Se tiñen de tristeza los días
sollozando cada recuerdo
que convertiré en nuevos poemas
para intentar sanar la herida.

Poesías, recuerdos y lágrimas
serán escritos desde el dolor.
Mi particular catarsis:
morir en versos
para volver a resurgir.

ABRAZANDO EL PRESENTE

Abrazo mi presente con consciencia,
agradeciendo cada paso dado para sanarme.
Cuido mi presente.

El tiempo pasa lento cuando duele,
y lento es el proceso cuando el alma sufre.
Soy consciente.

Agradezco la fortuna que tuve de amarte
y sentir tu amor tan profundamente.
Soy consciente y por eso duele.

Lloro mi presente por la carga emocional
de un pasado que no quiero reconocer como tal.
Me dejo doler: llueve.

Abrazo el momento presente
trabajando mi crecimiento personal
para superar este mal tiempo que me ensombrece.

Aprendo que no puedo aferrarme a lo que fuimos
porque ya no somos y hubo un final…
Soy consciente, pero duele.

Abrazo el aprendizaje doloroso de este largo tiempo.
Me ha hecho aún más fuerte.
También soy consciente.

Abrazo a mi presente, sabiendo con seguridad
que sobreponerme al desamor me costará,
pero conseguiré sanar mi alma…
Como he hecho siempre.

DE REGRESO A MÍ

Con atención plena a la necesidad de reconectar
el alma en su frecuencia y vibrar,
con la confianza en el esfuerzo y el trabajo personal,
regreso a mí.

Respeto mis tiempos,
me dejo fluir en el proceso de sanación
dejando doler, para después dejar ir…

Con atención plena a mi propósito
voy reconstruyendo todo lo caído,
todo lo muerto o herido
con la aceptación del devenir del tiempo
en este largo proceso de metamorfosis.

De regreso a mí me encuentro
transformando lo sufrido en aprendizaje y crecimiento.

CON EL ALMA
DE IDA Y VUELTA

LIBRERÍA

 Durii